新时代文化自信丛书（第一辑）

求大同

中国国学文化艺术中心／编

邵文辉／著

红旗出版社

图书在版编目（CIP）数据

新时代文化自信丛书．第一辑．求大同 / 中国国学文化艺术中心编；邵文辉著．-- 北京：红旗出版社，2023.7

ISBN 978-7-5051-5311-0

Ⅰ．①新… Ⅱ．①中… ②邵… Ⅲ．①大同（政治主张）—中国—干部教育—学习参考资料 Ⅳ．① D64

中国版本图书馆 CIP 数据核字（2022）第 210768 号

书　　名　新时代文化自信丛书（第一辑）·求大同
编　　者　中国国学文化艺术中心
著　　者　邵文辉

责任编辑　吴琴峰　　　　责任印务　金　硕
责任校对　吕丹妮　郑梦祎　　　　装帧设计　大荣原创　顾　页
出版发行　红旗出版社
地　　址　北京市沙滩北街2号　　　　邮政编码　100727
　　　　　杭州市体育场路178号　　　　邮政编码　310039
编 辑 部　0571-85310467　　　　发 行 部　0571-85311330
E - mail　359489398@qq.com
法律顾问　北京盈科（杭州）律师事务所　钱 航　董 晓
图文排版　浙江新华图文制作有限公司
印　　刷　北京画中画印刷有限公司
开　　本　710 毫米 ×1000 毫米　　1/16
字　　数　100 千字　　　　印　　张　10
版　　次　2023 年 7 月第 1 版　　　　印　　次　2023 年 7 月第 1 次印刷
ISBN 978-7-5051-5311-0　　　　定　　价　270.00 元（全六册）

“新时代文化自信丛书”编委会

编写说明

中华优秀传统文化绵延不绝，历久弥新，特别是以儒家文化为核心的中国传统哲学，致广大而尽精微，极高明而道中庸，是中国古代学术思想的主流，也是民族文化的精髓。如今，中华优秀传统文化越来越受到人们的重视，日益彰显出魅力和价值。

一个国家的文化自信源自对优秀传统文化的传承。所以，复兴和传承中华优秀传统文化的意义极其巨大，不仅能提升国家文化软实力，也有利于重塑民族道德体系。基于此，“传统文化与中小学生人格培养研究”（教育部规划课题）、“中华优秀传统文化教育研究”和“中华优秀传统文化传承体系构建研究”三大课题合并研究，着手解决学科教育理论和课程构建等核心问题，旨在为中华优秀传统文化的伟大复兴作出积极努力。

作为课题的重要研究成果之一，本丛书系统阐述了传统文化人文精神与当代行政管理的内在有机联系和相互融合，为各级行政机构提升执政思想、强化决策能力、创新执行策略、扩大用人视野、提升人文素养等提供了完整的理论体系和指导，体现了“为人修身、为政以德、为官有法、公正和谐”的新时期执政理念。

因中华传统文化经典卷帙浩繁，且古籍版本流传不一，所以本丛书在引用原文并进行译注时博采众长，参考了中华书局、商务印书馆、上海古籍出版社、岳麓书社等出版社的相关权威版本，并根据标点符号用法的现行规范作了处理。

为了在便于阅读的基础上尽可能地保留古韵，丛书以简体竖排的形式对所引原文进行呈现。同时，我们考虑到汉以前著作的作者和创作年代多不能确考：有的因年代久远而难以考证，如《周易》《左传》等；有的并非一时、一人所作，后经人收集、加工、修改，编纂成册，如《论语》《诗经》等；有的甚至是托名创作的作品，如《管子》《晏子春秋》等。诸如此类，不一而足。为了避免争论，丛书对此作了统一处理，即汉代以前的著作只标出书名，汉代及以后的则标出书名、作者和创作年代。

国家行政学院政治学教研部、教育部规划课题“传统文化与中小学生人格培养研究”等三大课题组、中华传统文化振兴基金会、红旗出版社等对丛书的出版给予了极大的关心和支持，陈宝生、陶西平、滕纯、季明明、郑增仪、曹卫洲、王岳、孙默、曾祥翊、马小强、洪文秋、荣光、李墨卿等多位专家也给予了大力支持，在此一并表示感谢。

中国国学文化艺术中心

总 序

弘扬中华优秀传统文化 进一步坚定中国特色社会主义文化自信

读书学习，是领导干部加强党性修养、坚定理想信念、提升精神境界、涵养高雅情趣的一个重要途径。习近平总书记高度重视领导干部的学习问题，他指出，读书人不一定都要当领导干部，而担任领导职务的干部必须坚持读书学习。他还指出，在大量书籍中，领导干部应当围绕提高思想水平、增强工作能力、完善知识结构、提升精神境界，选择那些与所从事的工作关系密切、自己爱好和有兴趣的书来读，力争在有限的时间内取得最佳的读书效果。就一般情况而言，领导干部普遍应当读下列三个方面的书。第一，当代中国马克思主义理论著作。第二，做好领导工作必需的各种知识书籍。第三，古今中外优秀传统文化书籍。

我们要通过研读优秀传统文化书籍，吸收前人在修身处世、治国理政等方面的智慧和经验，养浩然正气，

塑高尚人格，不断提高人文素质和精神境界。对于先人传承下来的文化，要坚持古为今用、推陈出新，有鉴别地加以对待，有扬弃地予以继承，努力做到创造性转化、创新性发展，进一步坚定中国特色社会主义文化自信。

党的二十大报告指出："坚持和发展马克思主义，必须同中华优秀传统文化相结合。只有植根本国、本民族历史文化沃土，马克思主义真理之树才能根深叶茂。中华优秀传统文化源远流长、博大精深，是中华文明的智慧结晶，其中蕴含的天下为公、民为邦本、为政以德、革故鼎新、任人唯贤、天人合一、自强不息、厚德载物、讲信修睦、亲仁善邻等，是中国人民在长期生产生活中积累的宇宙观、天下观、社会观、道德观的重要体现，同科学社会主义价值观主张具有高度契合性。我们必须坚定历史自信、文化自信，坚持古为今用、推陈出新，把马克思主义思想精髓同中华优秀传统文化精华贯通起来、同人民群众日用而不觉的共同价值观念融通起来，不断赋予科学理论鲜明的中国特色，不断夯实马克思主义中国化时代化的历史基础和群众基础，让马克思主义在中国牢牢扎根。"

习近平总书记指出："培育和弘扬社会主义核心价值观必须立足中华优秀传统文化。牢固的核心价值观，都有其固有的根本。抛弃传统、丢掉根本，就等于割断了自己的精神命脉。"他还指出：要认真汲取中华优秀传统文化的思想精华和道德精髓，大力弘扬以爱国主义为核心的民族精神和以改革创新为核心的时代精神，深入挖掘和阐发中华优秀传统文化讲仁爱、重民本、守诚信、崇正义、尚和合、求大同的时代价值，使中华优秀传统文化成为涵养社会主义核心价值观的重要源泉。

根据党的二十大精神以及习近平总书记的重要讲话精神，中国国学文化艺术中心组织编著了“新时代文化自信丛书”，选取经典文献的原文以及名言警句等，用通俗易懂的语言将其译成白话文，对有关的背景和典故进行解释；联系实际，古为今用，以古鉴今，深入挖掘和阐发其对于解决当前问题的时代价值和现实意义，着力论述其对于培育和践行社会主义核心价值观的借鉴意义和精神力量。

我们力求使这套丛书成为各级党政干部和有自学阅读能力的人们愿意读、读得懂、易践行的通俗读物，对坚持社会主义核心价值体系起到积极的长效作用，也企盼读者提出宝贵意见。

李长喜

（中共中央宣传部原副秘书长）

目录

第一章　大道之行，天下为公

自从踏入文明的门槛，人类便一直构筑与追求着心中的理想社会。这种追求穿越古今，宛如波浪席卷而来，为社会的发展注入了不竭动力。西方有影响深远的“理想国”，中国则有传承至今的“大同之世”。大同之世虽被蒙上了浪漫的理想主义色彩，然而也留下了可资借鉴的深刻思想，天下为公、选贤与能、扶弱济困、正己正人是其重要的内容。“大道之行也，天下为公”的深层意蕴不仅对权力如何架构产生了影响，更有对为政者德行的要求。

在“大道之行”的理想社会里，天子是民选的，也就是中国上古传说中的禅让制度，这是中国式民主的一种原始表现。同时，权力要为民谋利，就是为政者要着力于民生，促进生产发展，改善人民生活。从德行层面而言，要求为政者克己奉公，这在“天下为公”的理念中也是基本要求。同时，为政者还要做到公平公正，这样才能使社会和谐有序。

第一节 天下是天下人之天下

大道之行也，天下为公。选贤与能，讲信修睦，故人不独亲其亲，不独子其子，使老有所终，壮有所用，幼有所长，矜寡孤独废疾者皆有所养。男有分，女有归。货恶其弃于地也，不必藏于己；力恶其不出于身也，不必为己。是故谋闭而不兴，盗窃乱贼而不作，故外户而不闭。是谓大同。

——《礼记·礼运》

释义

在大道施行的时候，天下是人民所共有的。那时，人民会选举具有高尚品德和聪明能干的人主持政事，讲求诚信，追求和睦，因此人民不仅仅奉养自己的父母，也不仅仅抚育自己的孩子，而是使老年人都能安享晚年，使成年人都能为社会贡献才力，使孩子都能健康成长，使死了妻子的鳏夫、死了丈夫的寡妇、失去父母的孤儿、老而无子的人、有残疾的人都能得到供养。男子各有自己的职业，女子各有自己的家庭。人民厌恶将财货丢弃在地上浪费，却不一定要自己私藏；厌恶有力气不肯使出来，却不一定非要为自己谋取利益。因此，各种奸邪之谋就不会发生，盗窃、造反和害人的事情就不会出现，家家户户的大门都不用关闭。这就叫作大同社会。

今大道既隐，天下为家，各亲其亲，各子其子，货力为己，大人世及以为礼，城郭沟池以为固，礼义以为纪，以正君臣，以笃父子，以睦兄弟，以和夫妇，以设制度，以立田里，以贤勇知，以功为己。故谋用是作，而兵由此起。禹、汤、文、武、成王、周公，由此其选也。此六君子者，未有不谨于礼者也。以著其义，以考其信，著有过，刑仁讲让，示民有常。如有不由此者，在势者去，众以为殃。是谓小康。

——《礼记·礼运》

释义

如今大道已经消逝了，天下成了一家一姓的财产，人民各自敬爱自己的双亲，各自疼爱自己的子女，财物和劳力都为私人所拥有，领袖们的权力和财富世代相传并成为名正言顺的礼制，领袖们修建城郭沟池作为保障，制定礼义作为准则，用来使君臣名分正当，使父子关系深厚，使兄弟关系和睦，使夫妻关系和谐，使各种制度得以确立，用来划分田地和住宅，尊重有勇有智的人，一切事功都是为了自己。所以，阴谋诡计因此兴起，战争也由此产生了。夏禹、商汤、周文王、周武王、周成王和周公旦，就是这种情况下产生的杰出人物。这六位杰出人物，没有哪个不谨慎地奉行礼制。他们用礼制来彰显道义，考察诚信，辨明过错，效法仁爱，讲求谦让，向民众展示做人行事的常规。如果有不遵守的，即使有权有势的也要撤职去位，人民会把他们看成祸害。这种社会就叫作小康。

解读

《礼记》，又称为《小戴礼记》，是儒家传统的“十三经”之一，由西汉学者戴圣对秦汉以前的礼仪著作加以辑录而成。《礼记》是中国古代礼乐文化的论著汇编，非一人所作，因而在内容上十分庞杂，包括了社会制度、礼仪制度、生活规范，也涉及了政治、伦理、哲学、美学、教育、宗教等许多方面的思想观念。《礼记》既包括孔子及其后学的思想，也有其他学派如墨家、道家、法家、阴阳家等先秦诸子百家的思想。

《礼记·礼运》描述的大同社会，是中国传统儒家对未来社会的展望，被他们视为人类社会发展的终极理想。在这个理想社会里，每个人互相关爱、各安其分、各得其所、珍惜资源、追求奉献，这包含着儒家对人与自然、人与人关系的深刻思考，体现出儒家积极的现实主义精神，同时也带有浓厚的理想主义色彩。随着社会的发展和儒家思想的演变，“大同梦”的内涵不断丰富，佛教的慈悲、资本主义的平等自由以及社会主义公有制的思想都不断融入其中，但其积极进取、克己爱人的精神内核并没有变。

对于小康社会，《礼记·礼运》认为只要为政者实行王道政治，就能实现政治清明、家庭和睦、衣食无忧、安居乐业的社会盛况。我们今天已全面建成的小康社会，已远远超过《礼记·礼运》描述的“家天下”时代的小康社会，无论是经济指标、文化发展，还是人们的生活水平、生态环境、民生福祉都表示之前的小康梦想成为现实。

昔先圣王之治天下也，必先公，公则天下平矣。平得于公。尝试观于上志，有得天下者众矣，其得之以公，其失之必以偏。凡主之立也，生于公。

——《吕氏春秋·贵公》

释义

从前，先代圣王治理天下，一定把公正无私放在首位，做到公正无私，天下就安定了。天下获得安定是由于公正无私。试考察一下古代的记载，曾经取得天下的人是相当多的，如果说他们取得天下是由于公正无私，那么他们丧失天下必定是由于偏颇有私。大凡立君的本意，都是出于公正无私。

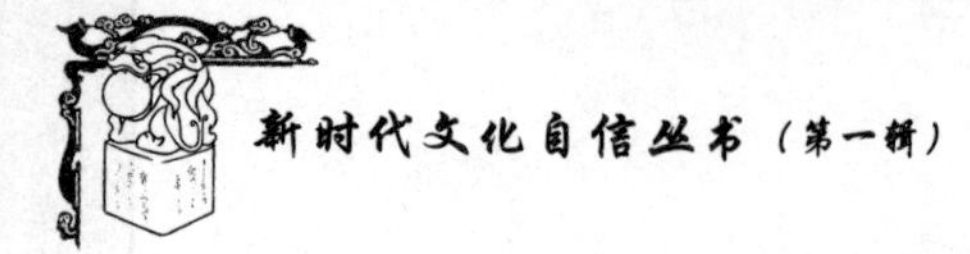

解读

古人“大道之行也，天下为公”的社会理想，既点出了权力是整个社会实现大同的关键因素，也表明了权力运行的基本原则是公有、为公、公正、公平。天下公有，这就是说天子和百官不是出自世袭，而是出自民选；为公，是指为政者使用权力不是为了谋取私利，而是为了天下百姓的福祉；公正、公平就是要求为政者在使用权力时要不偏不倚。大同社会“大道之行也，天下为公”的思想，对我们建设社会主义现代化国家来说，有着极为重要的意义。

中国共产党的立党为公、执政为民的理念和大同社会“大道之行也，天下为公”的思想一脉相承，公有、为公、公正、公平也是社会主义的基本原则，已经融于社会主义核心价值观之中。

做到天下为公，至少有三个方面要做好，一是民主制度的建设，二是法律的健全，三是道德的教育。

社会主义民主，就是要真正落实人民当家作主的权利，保证人民依法有效行使管理国家事务、管理经济和文化事业、管理社会事务等的权力；坚持用制度管权管事管人，把权力关进制度的笼子里，让人民监督权力，让权力在阳光下运行。

发展社会主义民主，维护社会公平公正，必须坚持依法治国。依法治国就是要使民主制度化、法律化，保障人民民主权利的落实。促进社会公平正义是政法工作的核心价值追求。从一定意义上说，公平正义是政法工作的生命线，司法机关是维护社会公平正义的最后一道防线。但是，如果法律不能被有效实施，再多法律也是一纸空文，依法治国就会成为一句空话，公平公正也就只是一句空话。

制度和法律是刚性的规定，还必须有道德这一柔性的要素相配合，只有这样人们才能自觉遵循制度，知法守法，才能做到天下为公。要加强领导干部的道德修养，引导他们珍重人格、珍爱声誉、珍惜形象，增强道德责任感，常修为政之德，积小德养大德，努力成为思想纯洁、品行端正的示范者，爱岗敬业、敢于负责的力行者，明礼诚信、遵纪守法的先行者，生活正派、情趣健康的引领者。对于道德败坏者，必须将他们清除出领导干部的队伍。

第二节 民意就是天意

皇祖有训，民可近，不可下。民惟邦本，本固邦宁。

——《尚书·五子之歌》

释义

伟大的祖先有过明确的训示，人民可以被亲近而不可被看轻。人民是国家的根本，根本牢固，国家才能安宁。

闻之于政也，民无不为本也，国以为本，君以为本，吏以为本。故国以民为安危，君以民为威侮，吏以民为贵贱。此之谓民无不为本也。

——〔西汉〕贾谊《新书·大政上》

释义

听说在国家的治理中，不能不以民为本，国家以民为本，君主以民为本，官吏也以民为本。因为人民关系着国家的安全和危险，关系着君主的威严和屈辱，也关系着官员的尊贵和低贱。这就是不能不以民为本的原因。

君依于国，国依于民。刻民以奉君，犹割肉以充腹，腹饱而身毙，君富而国亡。故人君之患，不自外来，常由身出。夫欲盛则费广，费广则赋重，赋重则民愁，民愁则国危，国危则君丧矣。

——〔北宋〕司马光《资治通鉴·唐纪八》

释义

君主依靠国家，国家依靠人民。剥削人民来满足君主贪欲，好像割下身上的肉来满足口腹之欲，肚子吃饱了而身体却死亡了，君主富裕了而国家却灭亡了。所以君主的祸患，不是来自外面，而常常源于自身。君主的贪欲越多则花费越多，花费越多则不断向人民增加赋税，赋税多则人民愁苦，人民愁苦则国家危险，国家危险则君主丧权身灭。

解读

民为邦本是中国朴素的人民史观，也是古人所设想的美好社会中很重要的内容。在古代，人民群众处于无权的社会底层，同时由于社会生产力的低下，绝大多数人从事着物质资料的生产，且受到当权者的剥削和压迫，没有得到社会应有的承认。但是，这并不意味着人民群众不是历史的主体，也不意味着其不会创造历史。在漫长的历史过程中，人民群众用自己勤劳的双手，创造和积累了社会物质财富和精神财富，促进社会发展，中国古代的有识之士已经直观地感受到了人民群众的这种历史作用。所以，他们反复告诫统治者：民为邦本，本固邦宁。

今天，我们要坚持以人民为中心的发展理论，自觉地把人民群众作为历史和社会的主人，充分认识到人民群众对社会发展的根本作用，同时也要给予人民群众社会主人的权利和责任，使人民群众能够更好地发挥他们的创造性。

既然民为邦本，那么在国家的政治生活中，就要将人民的事情放在第一位。那种危害百姓而使政府获利的行为，正是唐太宗李世民所言的“割肉而饱腹”的愚蠢和肤浅的行为。在政府工作中，从政者尤其要重视基层工作，因为基层工作直接和百姓的生产生活密切联系，基层出现问题，必然动摇整个国家的根基，正所谓“基础不牢，地动山摇”。

人民群众是历史的主体，也是实践的主体，这就要求党员在政治生活中坚持群众观点和群众路线。坚持群众观点就是坚持全心全意为人民服务的观点、一切为群众负责的观点，以及虚心向群众学习的观点。坚持群众路线就是坚持一切为了群众，一切依靠群众，从群众中来，到群众中去。

中国先哲已经认识到民为邦本，故而他们主张要爱民、重民、顺民、惠民，只有这样才能得民，才能实现社会的安定有序和长治久安。“得民心者得天下，失民心者失天下”绝不仅仅是智者的忠言，而且是被历史反复证明了的真理。在当代，有必要把传统民为邦本思想与现阶段人民民主建设相结合，把以人为本、爱民、重民、顺民、惠民的优秀思想，融入民主政治建设中，进一步巩固人民的主体地位，从而使人民民主在制度层面和操作实践上得到不断完善。

第三节　协和万邦

曰若稽古，帝尧曰放勋，钦明文思安安，允恭克让，光被四表，格于上下。克明俊德，以亲九族。九族既睦，平章百姓。百姓昭明，协和万邦，黎民于变时雍。

——《尚书·尧典》

释义

查考古时事迹，帝尧名叫放勋，他恭敬节俭，明察四方，仪态文雅温和，诚信恭谨，又能让贤，光辉普照四方，至于天地。他能够任用德才兼备的人，使自己的氏族亲密和睦。当自己的氏族亲密和睦后，他又辨明其他各族的政事。各族的政事处理得妥善了，又协调万邦诸侯，天下人民因此也就友好和睦起来。

齐宣王问曰：『交邻国有道乎？』

孟子对曰：『有。惟仁者为能以大事小，是故汤事葛，文王事昆夷。惟智者为能以小事大，故太王事獯鬻，勾践事吴。以大事小者，乐天者也；以小事大者，畏天者也。乐天者保天下，畏天者保其国。《诗》云：「畏天之威，于时保之。」』

——《孟子·梁惠王下》

释义

齐宣王问道："和邻国交往有什么规律和原则吗？"

孟子回答说："有。只有仁德的国君才能够以大国的身份侍奉小国，所以商汤服侍葛伯，周文王侍奉昆夷。只有智慧的国君才能够以小国的身份侍奉大国，所以太王侍奉獯鬻，越王勾践侍奉吴王夫差。以大国身份侍奉小国的国君，是知道天命必然而乐观；以小国身份侍奉大国的国君，是畏惧天命必然而谨慎。知道天命必然而乐观的国君保有天下，畏惧天命必然而谨慎的国君保住自己的国家。这就是《诗经》所说的：'敬畏上天的威严，因此才能够保全。'"

解读

在大同思想的启迪下，中国古代形成了独特的天下观，这是一种处理国家间关系的重要理念，蕴含着丰富的内容。在天下观中，国家并不是最大的单位，这与现代西方国家的理念不同。在现代西方国家的理念中，国家是最大的单位，国家利益是最高的追求。而在天下观中，最高的是天下利益。今天，许多问题是需要人类共同面对的，如生态环境、经济危机、恐怖主义等，这就要求世界各国突破各自的国家利益，从天下——全球的角度来审视，加强国家间的合作，实现整个人类的生存与发展。

在天下观中，“和”是最基本的要求——向往和平，追求和平，维护和平，正所谓“天下一家”“四海一人”。所以战争、殖民从来不是中国人的追求。中华人民共和国成立之初，就提出了和平共处五项基本原则，在中国日益强大的今天，我们不仅承诺永不称霸，还提出构建人类命运共同体，这些都与中国传统尚和的思想一脉相承。“和”的思想，是中华民族奉献给全世界人民的一份宝贵的精神财富。

在天下观中，国家间的关系应该是以德服人、表正万邦，尊重小国、卫弱禁暴，救助邻国、主持道义。在现代国际交往中，这些原则依然有着重要意义。在当今世界，一些国家凭借自己的强大国力推行霸权主义，导致世界纷争四起、祸乱不断。这对人类发展是极大的危害。中国已经成为维护世界和平的重要力量，在国际上匡扶正义，不侵略他国，也不干涉别国内政，无偿援助贫困国家。中国在国际上的这些行为，将中国传统的天下观与社会主义原则有机融合起来，越来越为更多的国家所称道。

当然，主张和平不等于放弃武力，相反，必须要加强国防建设。无论是中国屈辱的近现代史，还是当下个别国家的霸权行为，都清楚地告诉我们:“止戈为武”依然是重要的原则，建设一支用时能战、战之能胜的钢铁之师依然是国家建设的重要方面。

第四节 仁者浑然与万物同体

夫大人者，与天地合其德，与日月合其明，与四时合其序，与鬼神合其吉凶。先天而天弗违，后天而奉天时。天且弗违，而况于人乎，况于鬼神乎？

——《周易·文言》

释义

德高位尊者，他的德行就像天地一样承载万物，就像日月的光辉一样普照大地，施行的政令会遵从四时运行的规律而井然有序，他能够示人吉凶，如鬼神一般玄妙莫测。他先于天象而行动，天不违背他；后于天象而处事，也能遵循天的四时变化。天尚且不违背他，更何况人呢，何况鬼神呢？

乾称父，坤称母；予兹藐焉，乃混然中处。故天地之塞，吾其体；天地之帅，吾其性。民，吾同胞；物，吾与也。

——〔北宋〕张载《正蒙·乾称篇》

释义

《易经》的乾卦象征天，称作万物之父；坤卦象征地，称作万物之母。我如此渺小，却集天地之气于一身，而处于天地之间。这样看来，充塞于天地之间的乾坤之气，就是我的形色之体；而引领统率天地万物以成其变化的，就是我的天然本性。人民是我的同胞，而万物皆与我为同类。

学者须先识仁。仁者，浑然与物同体，义、礼、知、信皆仁也。识得此理，以诚、敬存之而已，不须防检，不须穷索。若心懈则有防，心苟不懈，何防之有！理有未得，故须穷索；存久自明，安待穷索！

——〔北宋〕程颢《识仁篇》

释义

学者必须首先认识仁。仁，浑然与万物一体，义、礼、智、信都是仁。认识到这个道理，以虔诚、恭敬之心将它保持住就可以了，不需防范约束，不需穷尽探索。如果心有懈怠，则必有防备；如果心没有懈怠，何须特意防备！有时没有悟得这个道理，所以才会穷尽探索；长久地保持下去，这个道理就自然明白了，何须穷尽探索！

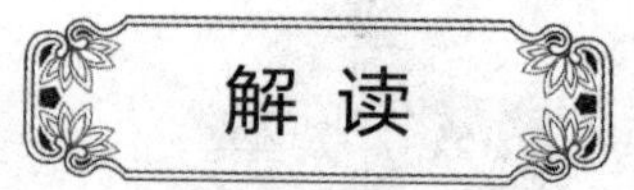

解读

在古人的理想社会中，“天人合一”的整体思维模式、“天地之大德曰生”的大生命观、“仁民爱物”的价值观尤其值得被借鉴传承。在中国古人看来，天地并非是一个冰冷的客观存在物和纯粹的客观认知对象，而是孕育出万物包括人在内的一个大生命体。天地是万物之源、人生之本，它以生物为心，有其内在的价值；人作为天地孕育出来的万物之灵，帮助天地之化育，帮助天地实现其内在价值。这是天人之所以合一的深层依据。由于天地是温情脉脉的人文本体，因此人通过体会天地之心，油然而生发出一种敬畏、感恩、仁爱的情感，并由此而派生出爱护、尊重自然的情感。

近代以来，随着科技革命的发展，人类改造自然的能力越来越强，导致了“人类中心主义”思想的膨胀，致使人类把自己凌驾于自然之上，对自然进行了无节制的索取和改造：森林的过度砍伐，农药、化工产品的过度使用，土地的过度耕作，等等。这一切，都超出了自然的承受能力，造成了森林面积巨减，水土流失，土地沙化，植被破坏，环境恶化，污染严重，物种灭绝，温室效应加剧，极端气候频发，等等。人类对自然的破坏，对自然规律的违背，使其自身遭受了自然的严厉报复，这已经危及人自身的生存。

要解决当下的生态危机，不仅需要技术的进一步发展，更需要思想观念的彻底转变。要放弃西方主客对立、将自己视为自然主人的“人类中心主义”思维方式。在这一问题上，中华优秀传统文化可以为生态文明建设提供极为有用的思维方式和价值理念。

不论科学技术如何发达，人类改造自然的能力多强，都必须承认人是自然的一部分这一事实，人的活动必须遵守自然规律，这是人类生产和生活的基础。在天地之中，最为磅礴充盈的就是生生之意。如果对这种“生意”进行肆无忌惮的践踏，那就是对宇宙秩序和生命的深层破坏，会遭到宇宙的惩罚。现在，人类保护自然的动力，更多来自理性的算计——保护环境对我们有利。这依然是一种功利主义的思维方式。而古人则将仁爱从人推及自然万物，使仁爱成为人的一种基本德行，这无疑会提高人保护自然的自觉性。

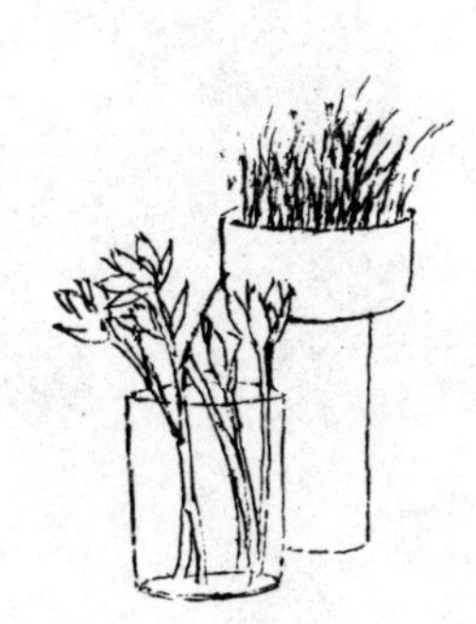

第二章　王道之制，选贤与能

在任何时代，管理者对社会的治乱安危都起着关键作用。大同社会主张“选贤与能”，强调把最优秀的人才选拔到社会管理岗位上。这是大同社会健康运行的组织保证，也是实现大同理想的必由之路。

那么如何才能选出有道德、有才能的人才呢？古人在这方面进行了有益的探索。“选贤与能”首先须要知人。在考察官员的时候，不仅要考察他所表现出的品德和才能，还要同时观察他在无意识中流露出来的志向和兴趣，不仅要看他说了什么，还要看他做了什么。在古人看来，志向和兴趣体现着“本真的我”，行动所表现出的是“实际的我”，只有抓住这些，才能观察到人才的“本质”。为了避免个人的局限，考察人才时还要听取大众的意见，只有大众认可的人才，才能考虑选拔。另外，“选贤与能”，并不是要一概排除与自己关系亲近的人，而是要做到内举不避亲、外举不避仇，做到唯贤能是举。在人才的使用中，还要做到赏罚严明，充分调动人才的积极性和主动性，避免人才的褪色和变质。

第一节 知人善任

月正元日，舜格于文祖，询于四岳，辟四门，明四目，达四聪。『咨，十有二牧！』曰：『食哉，惟时！柔远能迩，惇德允元，而难任人，蛮夷率服。』

舜曰：『咨，四岳。有能奋庸熙帝之载。使宅百揆，亮采惠畴？』佥曰：『伯禹作司空。』帝曰：『俞！咨！禹，汝平水土，惟时懋哉！』禹拜稽首，让于稷、契暨皋陶，帝曰：『俞，汝往哉！』

帝曰：『弃，黎民阻饥，汝后稷，播时百谷。』

帝曰：『契，百姓不亲，五品不逊，汝作司徒，敬敷五教，在宽。』

帝曰：『皋陶，蛮夷猾夏，寇贼奸宄。汝作士，五刑有服，五服三就；五流有宅，五宅三居。惟明克允！』

帝曰：『畴若予工？』佥曰：『垂哉！』帝曰：『俞！咨！垂，汝共工。』垂拜稽首，让于殳斨暨伯与。帝曰：『俞，往哉！汝谐。』

帝曰：『畴若予上下草木鸟兽？』佥曰：『益哉！』帝曰：『俞！咨！益，汝作朕虞。』益拜稽首，让于朱、虎、熊、罴。帝曰：『俞！往哉！汝谐。』

帝曰：『咨！四岳，有能典朕三礼？』佥曰：『伯夷。』帝曰：『俞！咨！伯，汝作秩宗。夙夜惟寅，直哉惟清。』伯拜稽首，让于夔、龙。帝曰：『俞，往，钦哉！』

帝曰：『夔！命汝典乐，教胄子，直而温，宽而栗，刚而无虐，简而无傲。诗言志，歌永言，声依永，律和声。八音克谐，无相夺伦，神人以和。』夔曰：『于！予击石拊石，百兽率舞。』

帝曰：『龙，朕堲谗说殄行，震惊朕师。命汝作纳言，

夙夜出纳朕命，惟允！』帝曰：『咨！汝二十有二人，钦哉，惟时亮天功。』

——《尚书·舜典》

释义

尧帝去世，守丧三年以后的正月初一，舜到了尧的太庙，与四方诸侯君长谋划政事，他打开明堂四门宣布政教，明察四方政务，倾听四方意见。“啊，十二州的君长！”舜帝说，“生产民食，必须依时！安抚远方的臣民，爱护近处的臣民，亲厚有德的人，信任善良的人，而又拒绝邪佞的人，这样，边远的外族都会服从。”

舜帝说：“啊！四方诸侯的君长！有谁能奋发努力、发扬光大尧帝的事业，使居百揆之官辅佐政事呢？”大家都说：“伯禹现在做司空。”舜帝说：“好啊！禹，你治理水土有功劳，还要努力做好百揆这件事啊！”禹跪拜叩头，谦逊地让稷、契和皋陶担任这项职务。舜帝说：“好啦，还是你去吧！”

舜帝说：“弃，人们忍饥挨饿，你主持农业，教人们播种各种谷物吧！”

舜帝说：“契，百姓不亲，父母、兄弟、子女之间都不和顺。你做司徒吧，谨慎地施行五常教育，要注意宽厚。”

舜帝说：“皋陶，外族侵扰我们，抢劫杀人，造成外患内乱。你做狱官之长吧，五刑各有使用的方法，五种用法分别在野外、市、朝三处执行。五种流放各有处所，分别流放到三个远近不同的地方。要明察案情，处理公允！”

舜帝说：“谁能当好掌管我们百工的官？”大家都说：“垂啊！”

舜帝说：“好啊！垂，你掌管百工的官吧！”垂跪拜叩头，让给殳斨和伯与。舜帝说：“好啦，去吧！你同他们一起去吧！”

舜帝说：“谁掌管我们的山丘草泽中的草木鸟兽呢？”大家都说：“益啊！”舜帝说：“好啊！益，你担任我的虞官吧。”益跪拜叩头，让给朱、虎、熊、罴。舜帝说：“好啦，去吧！你同他们一起去吧！”

舜帝说：“啊！四方诸侯的君长，有谁能主持我们祭祀天神、地祇、人鬼的三礼呢？”大家都说：“伯夷！”舜帝说：“好啊！伯夷，你做掌管祭祀的礼官吧。要早晚恭敬行事，又要正直、清明。”伯夷跪拜叩头，让给夔和龙。舜帝说：“好啦，去吧！要谨慎啊！”

舜帝说：“夔！任命你主持乐官，教导年轻人，使他们正直而温和，宽大而谨慎，刚毅而不粗暴，简约而不傲慢。诗是表达思想感情的，歌是唱出来的语言，五声是根据所唱而制定的，六律是使五声和谐的。八类乐器的声音能够调和，不使它们乱了次序，那么神和人都会因此而和谐了。”夔说：“啊！我愿意敲击着石磬，使扮演各种兽类的依着音乐舞蹈起来。”

舜帝说：“龙！我厌恶谗毁的言论和贪残的行为，这会使我的民众震惊。我任命你做纳言的官，早晚传达我的命令，转告下面的意见，应当真实！

舜帝说："啊！你们二十二人，要谨慎啊！要好好领导天下大事啊！"

故用人之知，去其诈；用人之勇，去其怒；用人之仁，去其贪。

——《礼记·礼运》

释义

所以在用人时，对于有智的人，要谨防其奸诈；对于有勇的人，要避免其暴躁；对于有仁的人，要警惕其贪婪。

尊贤使能，俊杰在位，则天下之士皆悦，而愿立于其朝矣。

——《孟子·公孙丑上》

释义

尊重贤者，重用有能者，则天下有才之人都高兴，愿意在朝廷为官。

天下之治，由得贤也；天下不治，由失贤也。

——〔北宋〕程颢、程颐《二程集·上仁宗皇帝书》

释义

天下大治，是因为得到贤能之人；天下混乱，是因为失去了贤能之人。

夫物者有所宜，材者有所施，各处其宜，故上下无为。使鸡司夜，令狸执鼠，皆用其能，上乃无事。上有所长，事乃不方。矜而好能，下之所欺；辩惠好生，下因其材。上下易用，国故不治。

——《韩非子·扬权》

释义

事物有各自不同的用处，才能有其施展的地方，各得其所，所以上下能够无为而治。让公鸡掌夜报晓，让猫来捕捉老鼠，如果都像这样各展其才，君主就能够无为而治了。君主显示自己的特长，政事就不能办成。君主喜欢自夸逞能，臣下就会进行欺骗；君主喜欢惹是生非，卖弄口才和智力，臣下就会加以利用。君臣职能颠倒，国家因此得不到治理。

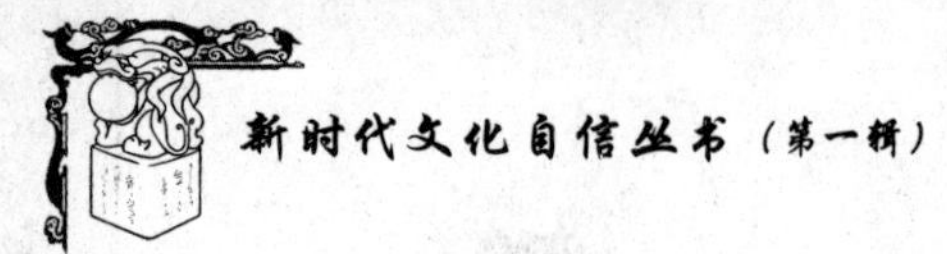

解读

社会管理是一项复杂的工程，不管领导人能力如何强，都不可能独自完成这项任务，而须要选拔一批人来协作完成。因此，选择优秀的人才进入管理层，是领导人的基本职责，也是最重要的能力。

古人在为理想社会而奋斗的过程中，对如何选拔优秀人才提出了“知人善任”的主张。知人善任包括知人和善任两个方面。所谓知人就是要识别人，指的是对人的德行、性格、才能等方面的了解和判断，其中德行和能力是基本方面，而德行最为重要。所谓善任就是要用好人，指的是根据人的内在条件和外在的工作性质，让合适的人担任合适的工作，发挥他的长处，使工作效率最高、效益最大。知人与善任相互联系、相辅相成。知人，是善任的前提和条件，不知人就难以善任，知人正是为了善任；善任，是知人的目的和结果，知人而不善任，知人就失去了意义。知人不一定能做到善任，但善任必须首先知人。知人要准确，用人要信任。知人出现偏差，用人时却又掣肘，都不会出现预期的结果。

知人善任关乎事业的兴衰成败，这在历史上不断地被证明。舜为天子，正是由于知人善任，开创了传说中的大同之世；卫灵公昏聩不堪，但能知人善任，国祚尚存；齐王建不能知人善任，导致国灭身亡。知人善任可以弥补领导人自身的不足。任何人都有不足，领导人也不例外，但是可以通过合适的人才来弥补。比如，舜治水不如禹，种植农作物不如弃，执法不如皋陶，但是通过任用他们，可以更好地完成这些任务。知人善任还有导向作用。用一贤者，则贤者云集，如魏文侯敬重段干木，则子夏、田子方、李悝、翟璜、乐羊、吴起都来投奔；反之，如果用一奸人，则奸人成群，如管仲去世后，齐桓公重用竖刁、易牙、开方等佞臣，最后被困死在行宫，齐国也内乱不断，一代霸业就此终结。

从现实看，能否知人善任，事关党风，事关社会风气，事关人心，事关党的执政地位。2013 年 6 月 28 日，习近平总书记在全国组织工作会议上强调："用一贤人则群贤毕至，见贤思齐就蔚然成风。选什么人就是风向标，就有什么样的干部作风，乃至就有什么样的党风。各级党委及组织部门要坚持党管干部原则，坚持正确用人导向，坚持德才兼备、以德为先，努力做到选贤任能、用当其时，知人善任、人尽其才，把好干部及时发现出来、合理使用起来。"这些论述深得中国传统知人善任思想的真谛，又具有时代特色，是选拔人才的重要指导思想。

第二节 听其言而观其行

始吾于人也，听其言而信其行；今吾于人也，听其言而观其行。

——《论语·公冶长》

释义

起初我对于人，是听了他说的话便相信了他的行为；现在我对于人，听了他讲的话还要观察他的行为。

君子不以言举人，不以人废言。

——《论语·卫灵公》

释义

君子不因为一个人的言语说得好而推举他，也不因为地位、才智等因素而否定一个人的言论。

解读

孔子也犯过“以言取人”和“以貌取人”的错误。孔子有一名弟子叫宰予，口才很好，能说会道。一开始孔子对他印象不错，但后来发现他学习不够努力，有一次竟然发现他白天睡觉，孔子责骂他“朽木不可雕也”。孔子的另一个弟子，叫澹台灭明，字子羽，相貌很丑陋，孔子觉得他不会成才。但澹台灭明师从孔子后，致力于修身践行，处事光明正大，不走邪路；不是为了公事，从不去会见公卿大夫。后来，澹台灭明游历到长江，跟随他的弟子有三百多人，声誉很高，各诸侯国都传诵他的名字。孔子听说了这件事，感慨地说：“我只凭言辞判断，结果对宰予就判断错了；我只凭相貌判断，结果对子羽也判断错了。”

孟子曰：『存乎人者，莫良于眸子。眸子不能掩其恶。胸中正，则眸子瞭焉；胸中不正，则眸子眊焉。听其言也，观其眸子，人焉廋哉？』

——《孟子·离娄上》

释义

孟子说："观察一个人，再没有比观察他的眼睛更好的方法了。眼睛不能掩盖一个人的丑恶。心中光明正大，眼睛就明亮；心中不光明正大，眼睛就昏暗不明，躲躲闪闪。所以，听一个人说话的时候，注意观察他的眼睛，他的善恶真伪能往哪里隐藏呢？"

解读

在人才选拔过程中，知人是前提，但也是一个十分不容易的过程。一方面，人具有复杂多变的主观世界，外人很难直接把握，只能通过言行了解。但人又会伪装自己，有时一个人的外在特点和内心活动并非一回事，特别是少数狡猾奸诈的人，更是善于伪装。另一方面，一个人的本性、能力等特征，一般在平时虽然也能够表现出来，但很难充分表现，有的在关键时刻、非常条件下才得以显露。还有，一个人在其一生中总是不断变化的，甚至有时会判若两人。另外，知人还受到诸多条件的限制，诸如自己的性格、阅历、兴趣、判断能力等，从而无法对人有一个十分准确的判断，难以达到对人完全准确的认识。

中国传统文化在知人方面所倡导的“听言观行”的方法，是选拔人才的切实可行的方法，有着重要的意义，可以为现代选拔官员所利用和借鉴。听其言，不仅是听当事人的言论，还要听其家属、朋友、上级、下属等相关人员的言论；观其行，不仅要观察当事人的日常行为，还要将其置于特定的环境中观察他的反应。全国组织工作会议曾对干部考察提出“四观四看”的方法，即“观察干部对重大问题的思考，看其见识见解；观察干部对群众的感情，看其品质情怀；观察干部对待名利的态度，看其境界格局；观察干部处理复杂问题的过程和结果，看其能力水平”。这些观察要点及其分析指向很好地借鉴了古代先贤听言观行的思想，又赋予了新的时代内容。

听言观行的人才考察方法具有很高的思想价值，这种方法在实际运用中又有着极大的灵活性，使用者可以根据实际情况加以具体部署和实施，争取选出德才兼备的人才。

第三节 百姓皆曰贤则贤

子贡问曰：『乡人皆好之，何如？』

子曰：『未可也。』

『乡人皆恶之，何如？』

子曰：『未可也。不如乡人之善者好之，其不善者恶之。』

——《论语·子路》

释义

子贡问孔子说：“全乡人都喜欢、赞扬他，这个人怎么样？”

孔子说：“这还不能肯定。”

子贡又问孔子说：“全乡人都厌恶、憎恨他，这个人怎么样？”

孔子说：“这也是不能肯定的。最好的人是全乡的好人都喜欢他，全乡的坏人都厌恶他。”

子曰：『众恶之，必察焉；众好之，必察焉。』

——《论语·卫灵公》

释义

孔子说：“大家都厌恶他，我必须考察一下；大家都喜欢他，我也一定要考察一下。”

故夫民者虽愚也，明上选吏焉，必使民与焉。故士民誉之，则明上察之，见归而举之；故士民苦之，明上察之，见非而去之。故王者取吏不妄，必使民唱，然后和之。

——〔西汉〕贾谊《新书·大政下》

释义

虽然民众有时不聪明，但是在选举贤人上却不会出错，君王选拔官吏，必须让民众推荐。所以选拔民众称赞的人，君王对其考察，符合事实则选拔为官吏；对于民众不满的官吏，君王也对其考察，如果确实不称职，就将其罢免。因此君王选拔官吏，不能依靠自己的意志，而是要听取百姓的声音，然后作出决定。

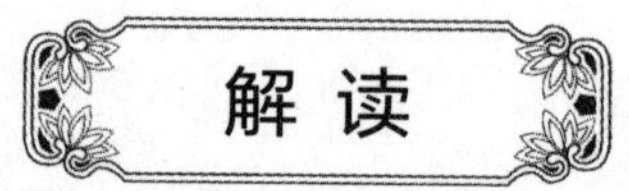

解读

在古人的设想中，设置官吏的目的是把社会管理好，实现理想社会的奋斗目标，从而使百姓在这样的社会中生活得更好，而不是为了官吏自己更好地生活。因此，选拔官吏必须重视民众的意愿。此外，官吏直接和民众打交道，民众对于官吏的德行和才能都非常了解，对官吏的评价也更加符合实际情况。这一点，中国历史上无论是政治家还是学者都认识得很清楚，所以他们都强调要重视民意，强调“百姓皆曰贤则贤”，将民意作为选官的重要依据。

但是，在专制政体下，官吏拥有权力，处于强势地位，人民只是被统治的对象，且没有约束官吏的机制；民意表达并不通畅，也没有具体有效的制度来保障民意。所以在实际运作中，官贵民贱才是常态，官员的提拔升迁听命于上级，民意也常常被忽视。这种理想与现实相分离的情况导致了严重的后果：一方面，许多被提拔的官员要么昏庸无能，要么贪赃枉法、营私舞弊，导致他们治下怨声载道、民不聊生；另一方面，由于民意无法上达，或遭到忽视，弊端无法矫正，从而使问题越来越严重。从封建专制社会的历史过程看，民意短时间内可能被无视，甚至被压制，但不能长时间地被无视或压制，否则就会官逼民反，导致整个王朝覆亡。历史上的王朝更替就是生动的例子。

“郡县治，天下安。”可见，基层政权建设对国家的长治久安至关重要。而建设好基层政权，尤其需要选拔出好的基层干部，因为他们与民众接触最多，听取民众对他们的评价也最有参考意义。所以，“百姓皆曰贤则贤”的思想，在基层干部选拔中具有特别重要的意义。

发展社会主义民主政治，选拔好干部也是非常重要的方面。要继续深化和完善干部选拔机制，将群众的评价作为干部选拔和考核的重要依据。要落实群众对干部的监督权，畅通群众反映意见的渠道，让那些不合格的干部及早离开领导岗位。

第四节

内举不避亲，外举不避仇

儒有内称不辟亲，外举不辟怨；程功积事，推贤而进达之，不望其报；君得其志，苟利国家，不求富贵。其举贤援能有如此者。

——《礼记·儒行》

释义

儒者向朝廷推举贤能时，只考虑被推举者有无真才实学，而不管他是不是自己的亲属，或者是不是自己的仇人；在充分考虑到被推举者的业绩和才能以后，才向朝廷举荐并使之得到任用，但这并不是为了得到对方的回报；只要君主能因此而得遂其志，只要能为国家造福，自己并不希望得到什么赏赐。儒者的推举贤能应该如此。

故当是时，以德就列，以官服事，以劳殿赏，量功而分禄。故官无常贵，而民无终贱。有能则举之，无能则下之。举公义，辟私怨，此若言之谓也。

——《墨子·尚贤》

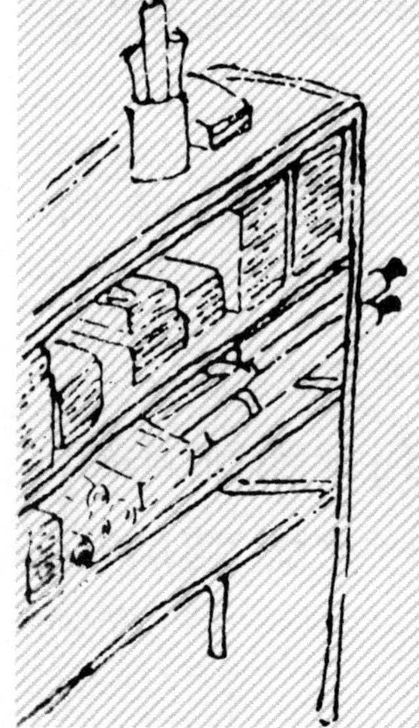

释义

所以在古代圣王执政时，根据德行任官，根据官职授权，根据功劳定赏，衡量各人功劳而分予禄位。所以做官的不会永远富贵，而民众不会永远贫贱。有能力的就选用他，没有能力的就罢黜他。推举正直无私的人，避免因个人私怨而不举荐能人的情况，说的就是这个意思。

解读

古人在为社会管理选拔人才的实践过程中，逐渐形成了两个非常重要的考察角度，就是在人才选拔中领导者如何对待与自己亲近的人、如何对待与自己有过节甚至有仇怨的人。

在古人看来，任人唯亲和任人不避亲表面相似，但动机和结果却迥然不同。从动机来看，任人唯亲为私，而任人不避亲为公。从结果来看，任人不避亲使公家的事业蒸蒸日上，而任人唯亲则使公家的利益受损，甚至出现团体解散、国家灭亡的严重后果。从间接影响上看，任人不避亲能够净化社会风气，鼓励人们进德修业、有序竞争，使行业或社会气氛和谐；相反，任人唯亲会导致结党营私、风气败坏、小人得势、贤人边缘化的现象，刺激人们投机钻营、不择手段，导致人人自危，社会逐渐分崩离析。

任人不避仇，则需要领导人具有很强的政治责任感和很大的政治勇气，而收到的效果也极为明显，如齐桓公任用管仲而称霸天下。但在专制制度下，此类事件毕竟较为罕见。

在现代社会，仍然要将“内举不避亲，外举不避仇”作为选拔任用人才的重要方式。但与传统社会有所不同，传统社会要做到“内举不避亲，外举不避仇”主要靠领导人的政治品格和政治责任，一旦领导人政治品格不高或政治责任感不强，任人唯亲、嫉贤妒能就成为用人的重要方式，最终造成严重的后果。而在现代社会，不仅需要领导人提升政治品格和增强政治责任，还要防范因领导人政治责任不高或个人品德低下而出现任人唯亲的局面。这就需要加强制度建设，用制度来规范人才选拔，使人才选拔摆脱个人恩怨和领导人喜好的干扰，防止出现“劣币驱逐良币”的现象。为此，要建立公开、公正、合理的人才选拔制度，用法律来保证制度的程序规范和结果公平，用科学的评价机制来防止人才的褪色和变质。

第五节 赏善惩恶，进贤退不肖

王者之论：无德不贵，无能不官，无功不赏，无罪不罚，朝无幸位，民无幸生。尚贤使能而等位不遗，析愿禁悍而刑罚不过。百姓晓然皆知夫为善于家而取赏于朝也，为不善于幽而蒙刑于显也。夫是之谓定论。是王者之论也。

——《荀子·王制》

释义

奉行王道的君主对臣民的审察处理方式是：没有德行的不能显贵，没有才能的不能当官，没有功劳的不给奖赏，没有罪过的不加处罚，朝廷上没有无德无功而侥幸获得官位的，百姓中没有游手好闲而侥幸过好生活的。崇尚贤德，任用才能，授予的等级和地位都与德才相当而没有遗漏；制裁狡诈和凶暴的人，施加的刑罚各与罪行相当而不过分。百姓都明明白白地知道，即使在家里行善修德也能被朝廷奖赏，即使在暗地里为非作歹也会在光天化日之下受到惩处。这叫作不变的准则。这就是奉行王道的君主对臣民的审察处理方式。

是故明君之行赏也，暧乎如时雨，百姓利其泽；其行罚也，畏乎如雷霆，神圣不能解也。故明君无偷赏，无赦罚。赏偷，则功臣堕其业；赦罚，则奸臣易为非。是故诚有功，则虽疏贱必赏；诚有过，则虽近爱必诛。疏贱必赏，近爱必诛，则疏贱者不怠，而近爱者不骄也。

——《韩非子·主道》

释义

因此明君行赏，像及时雨那么温润，百姓都能受到他的恩惠；明君行罚，像雷霆那么可怕，就是神明、圣人也不能解脱。所以明君不随便赏赐，不赦免惩罚。赏赐随便了，功臣就懈怠他的事业；惩罚被赦免了，奸臣就容易干坏事。因此，确实有功的人，即使疏远卑贱也一定要赏赐；确实有罪的人，即使亲近喜爱也一定要惩罚。这样，疏远卑贱的人就不会懈怠，而亲近喜爱的人就不会骄横了。

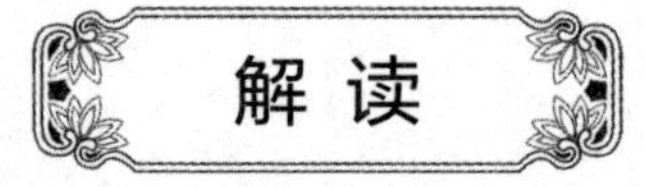

解读

奖励和惩罚是社会管理中的基本手段，这一点古今中外的智者都认识得非常清楚，不过西方文化尤其是现代西方文化侧重于经济学、心理学和管理学，而中国传统文化则侧重于道德和伦理学。因此，“赏善惩恶”“进贤退不肖”的思想既有激励作用，也有教化作用。在今天的中国，无论是经济管理还是社会管理，传统的奖惩思想依然有着积极的价值。

首先，奖惩要公平公正。要功过分明，功是功，过是过，绝对不能混淆。奖惩也要得当，奖励和惩罚的程度分别与功劳和罪过的大小相当。只有这样，人们才心悦诚服，如管仲夺人采邑而人不怨、子羔刖人脚而人不恨。

其次，对人的奖励要多元化，不仅要有物质的奖励，还要有精神的奖励。物质奖励是很重要的激励方式之一，所以要高度重视物质奖励，但给予物质奖励不能成为唯一的方式。无论是心理学的需求层次理论还是经济学的边际效用理论，都表明物质奖励到一定程度后，其作用不断减弱。因此，在给予物质奖励的时候，也要重视精神奖励。和西方文化中的理性算计不同，中国传统文化更注重情感的关怀和赏识，正所谓“士为知己者死，女为悦己者容”。

再次，要重视模范的引导和教化功能。管理者的以身作则就是一种无声的命令，有力地激发着下属和被管理者的积极性。提拔德才兼备的人当管理者，也是为了引导和教化人们向善好学，以达到管理和教化的目的。

最后，要在整个社会树立向善好学的风气，鼓励人们将个人发展目标与社会发展目标统一起来，将外部激励与内部激励统一起来。在正确人生观、价值观的支配下，人能把组织的共同目标和自我价值的实现结合起来，全身心地投入工作，从而焕发出极大的力量。因此，在组织内部要加强教育，把个人目标融入共同目标之中，把个人目标的实现寄托在共同目标的实现之中，将动力从外部内化到心里，使人自觉地追求更高的目标。

第三章　修身以善，天下归化

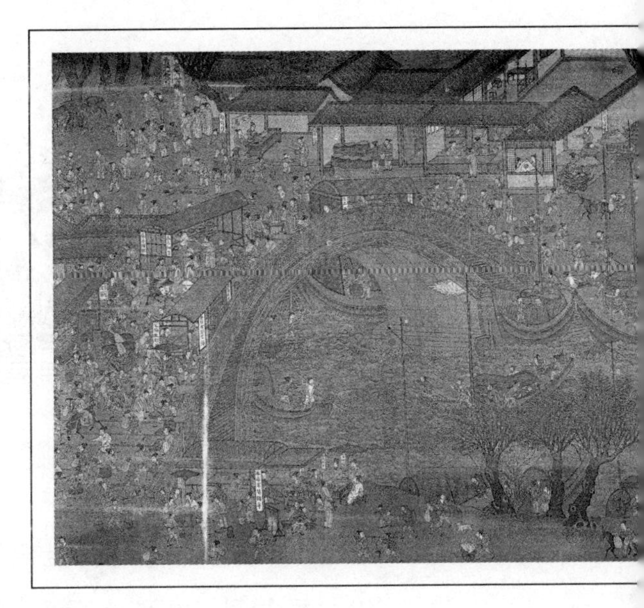

在追求大同社会的征程中，无论是天下为公还是选贤与能，抑或是扶弱济困，没有道德力量的参与都不可能做到；同时，社会成员具备高尚的道德情操也是建设大同社会的基本要求。因此，提高整个社会的道德水平就成为社会发展的重要方面。

中国传统文化尤其是儒家思想将道德建设作为治国和为人处世的根本，把德行视为所有学问的太阳，对于道德教化和道德修养有许多精辟论述，至今依然闪烁着智慧的光芒。从这个意义上说，中国传统文化尤其是儒家思想也可以用“德行文化”来概括。这种文化要求，“自天子以至于庶人，壹是皆以修身为本”。天子修身，可以平天下；百官修身，可以安郡县；百姓修身，可以兴家保身。而且，中国传统文化把德行教育提高到国家层面予以重视，通过道德教化移风易俗，净化社会风气，促进社会和谐有序。

在传统文化中，德行的培育与知识的学习有所不同，它重体悟而不重思辨，重启发而不重灌输，重自觉而不重他律，重行动而不重言语，所以孔子才说“刚毅木讷近仁，巧言令色鲜矣仁”。

第一节 修身是所有人的事

请问为国？曰：闻修身，未尝闻为国也。君者仪也，民者景也，仪正而景正；君者盘也，民者水也，盘圆而水圆；君者盂也，盂方而水方。君射则臣决。楚庄王好细腰，故朝有饿人。故曰：闻修身，未尝闻为国也。

——《荀子·君道》

释义

请问怎样治理国家？答曰：我只听说君主要修养自己的品德，不曾听说过怎样去治理国家。君主像测定时刻的标杆，民众就像这标杆的影子，标杆正直，那么影子也正直；君主像盘子，民众就像盘里的水，盘子是圆形的，那么盘里的水也成圆形；君主像盂（民众就像盂中的水），盂是方形的，那么盂中的水也成方形。君主射箭，那么臣子就会套上扳指。楚灵王喜欢细腰的人，所以朝廷上有饿得面黄肌瘦的臣子。所以说：我只听说君主要修养身心，不曾听说过怎样治理国家。

君明于德，可以及于远；臣笃于义，可以至于大。何以言之？昔汤以七十里之封，升帝王之位；周公自立三公之官，比德于五帝三王。斯乃口出善言、身行善道之所致也。故安危之要，吉凶之符，一出于身；存亡之道，成败之事，一起于善行。尧舜不易日月而兴，桀纣不易星辰而亡，天道不改而人道易也。

——〔西汉〕陆贾《新语·明诫》

释义

君主明德修身，可以影响到远方的人民；臣子明德修身，影响也可以波及天下。为什么这么说呢？当年商汤凭借方圆七十里的封地，灭夏而为天子；周公自己封自己为三公，德行比肩三皇五帝。这是他们口出善言、身行善道所得到的结果。所以一个人安全危险的关键，做事吉祥凶险的征兆，都在于人的善行；一个国家的生存灭亡之道，事情的成功失败，关键在于为政者的善行。日月星辰不会改变而尧舜兴起、夏桀殷纣灭亡，天道不会改变而人事可以通过善行改变。

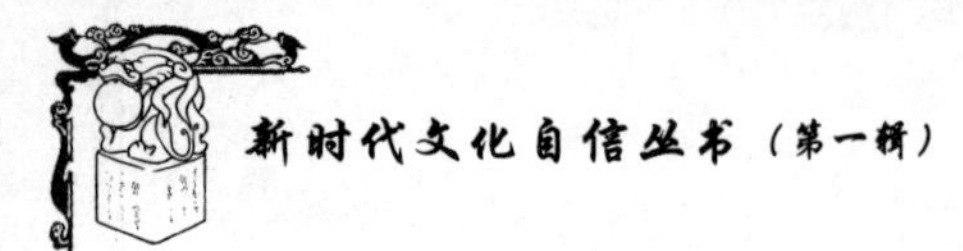

解读

在大同社会中，道德高尚是个人和社会的基本价值追求，也是文明的基本标志。儒家更是将修身进德作为个人和社会的终极目标，其思想虽然具有极端、绝对化和脱离实际的一面，但其中的许多精辟见解和深刻论述，对现代社会仍然有着重要的启示意义。在当今中国，道德缺失问题在多个领域造成了严重的后果，所以亟须加强道德建设，弘扬社会正气，提高政府权威，缓和人际矛盾，提高个人品位，为中国特色社会主义建设夯实基础，为实现中华民族伟大复兴添加动力。

在传统文化中，官德在道德建设中居于重要的位置。古人认为，在各种道德失范中，官德失范危害最大。因为官员具有巨大的社会示范效应，如果官员贪污腐化、道德败坏，将直接诱发、刺激社会风气变坏，导致公共道德危机。今天，干部的思想道德问题依然是一个需要严肃对待、认真解决的重要问题。汲取古人的思想，大力加强干部思想道德建设，至少要在以下三个方面下功夫：一是加强制度建设，把权力关进制度的笼子里，完善各方面的监督机制，减少干部贪污腐败、道德败坏的机会，使其不能贪污腐化；二是加强党纪法律建设，使干部的违法和失德行为得到应有的惩罚，形成强大的震慑力，使其不敢贪污腐化；三是持之以恒地加强对干部的思想政治教育，坚定他们的理想信念，推进个人道德水平不断提升，使其不想贪污腐化。

从社会层面来说，今天要加强道德建设，还必须直面功利主义的影响。现代社会是工业化、都市化的社会，人们生活在一个物化、消费的时代，做事往往精于算计，以追求利益最大化。这种功利主义的追求，导致竞争进一步加剧，造成了人与人之间一定程度上的无情和冷漠。功利主义的追求，一方面使人丧失了人的尊严，把人“物化”，另一方面也造成社会秩序混乱。在这一点上，可以吸收借鉴传统文化中的有关思想追求，比如儒家将道德视为人的本性的观念，将儒家的德行伦理融入现代社会，对功利主义导致的人的物化和社会混乱予以纠偏。

第二节　善教乐学，化民归善

子曰：『不愤不启，不悱不发，举一隅不以三隅反，则不复也。』

——《论语·述而》

释义

孔子说："教导学生，不到他苦思冥想而不得的时候不去开导他，不到他想说却说不出来的时候不去启发他，教给他一个方面的东西，他却不能由此而推知其他三个方面的东西，那就不再教他更多的东西了。"

孟子曰：『君子之所以教者五：有如时雨化之者，有成德者，有达才者，有答问者，有私淑艾者。此五者，君子之所以教也。』

——《孟子·尽心上》

释义

孟子说："君子教育人的方式有五种：有像及时雨一样滋润化育的，有培养人德行的，有培养才能的，有解答疑问的，有以学识风范感化他人使之成为私淑弟子（非正式的弟子）的。这五种，就是君子教育人的方式。"

与君子游，苾乎如入兰芷之室，久而不闻，则与之化矣；与小人游，腻乎如入鲍鱼之次，久而不闻，则与之化矣。是故君子慎其所去就。

——〔西汉〕戴德《大戴礼记·曾子疾病》

释义

与君子做朋友，好像进入了芳香四溢的房间，时间久了就闻不到香味了，但自身和兰花香草一样散发着香味；和小人交朋友，好比进入了卖咸鱼的店铺，时间长了身上也散发着咸鱼一样的腥臭味。所以，君子必须慎重地选择自己的住所和朋友。

解读

传统文化的化民成俗，就是通过道德教育来感化人民接受主流的道德理念，并在日常生活中身体力行，从而达到移风易俗、安定天下的治理目标。为了实现教化的目的，传统文化特别是儒家曾建立了一套比较系统的理论，并在长期的教化实践中构建了一套方法。虽然这些理论和方法都是封建时代的产物，是为维护封建专制统治服务的，但其中也包含了不少道德教育的一般规律，对今天的社会道德教育仍有重要的借鉴意义。

社会主义核心价值观，其实也是一种德，既是个人的德，也是一种大德，是国家的德、社会的德。国无德不兴，人无德不立。如果一个民族、一个国家没有共同的核心价值观，莫衷一是，行无依归，那这个民族、这个国家就无法前进。社会主义核心价值观也必须内化到人民的心里，外显于人民的行动，才能真正起到凝聚民心、美化风俗、安定社会的功效。因此，国家必须对人民进行教化，加强思想政治教育，使社会主义核心价值观内化到人民心里。从这个意义上说，社会主义核心价值观教育可以从儒家的教化理论和方法中汲取智慧和营养。

首先，社会主义核心价值观的内容与儒家的教化倡导有暗合之处，是吸收传统文化的思想所得，也可以借此发挥传统文化的深厚影响力，帮助人们认同社会主义核心价值观。比如，社会主义核心价值观强调的富强、文明，与儒家“富之”“教之”的思路暗合；民主、自由、平等、公正、法治等关于规范政府行为和干部道德的内容，以及引导人民爱国、敬业、诚信、友善等要求，与儒家强调身教的“子帅以正，孰敢不正”的理念暗合，与儒家内圣外王或“修身齐家治国平天下”的理念也暗合。

其次，在社会主义核心价值观的教育上，可以学习借鉴儒家推行教化的多样化手段。例如，儒家强调“家有塾，党有庠，术有序，国有学”，社会主义核心价值观教育也应该重视学校教育、社会教育、家庭教育、社团教育等各方面各领域的教育，形成合力，提升效果。儒家还很重视“乐教”，通过礼乐潜移默化的作用来实现教育目的。社会主义核心价值观也要重视文艺的教化作用，使社会主义核心价值观不知不觉中深入人心。儒家的因材施教、教学相长、举一反三、好学乐学等方法，也依然符合现代教学规律，值得我们继承弘扬。

最后，从传统文化传承几千年的历史脉络看，道德教化是百年树人的长期工作，不可能一蹴而就，必须坚持不懈才能收到效果。明代大儒吕坤说："化民成俗之道，除却身教再无巧术，除却久道再无顿法。"这些思想是符合规律的。一个人道德品质的形成是长期的，而且势必会有反复，这就决定了教化工作应常抓不懈。至于社会风气的好转与巩固，更非一朝一夕之事，需潜移默化、日积月累。因此，社会主义核心价值观教育也要长期坚持，我们要根据时代特点探索出更为有效的教育教化方法。

第三节 修身须认识、体悟万事万物之理

孔子曰：『君子有九思：视思明，听思聪，色思温，貌思恭，言思忠，事思敬，疑思问，忿思难，见得思义。』

——《论语·季氏》

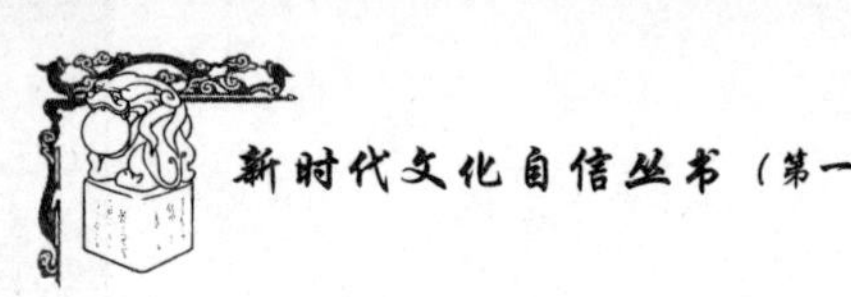

释义

孔子说：“君子有九种要思考的事：看的时候，要思考是否看清楚；听的时候，要思考是否听清楚；自己的脸色，要思考是否温和；容貌，要思考是否谦恭；言谈时，要思考是否忠诚；办事时，要思考是否谨慎严肃；遇到疑问时，要思考是否应该向别人询问；愤怒时，要思考是否有后患；获取财利时，要思考是否合乎义的准则。”

孟子曰：『人皆有不忍人之心。先王有不忍人之心，斯有不忍人之政矣。以不忍人之心，行不忍人之政，治天下可运之掌上。所以谓人皆有不忍人之心者，今人乍见孺子将入于井，皆有怵惕恻隐之心，非所以内交于孺子之父母也，非所以要誉于乡党朋友也，非恶其声而然也。由是观之，无恻隐之心，非人也；无羞恶之心，非人也；无辞让之心，非人也；无是非之心，非人也。恻隐之心，仁之端也；羞恶之心，义之端也；辞让之心，礼之端也；是非之心，智之端也。人之有是四端也，犹其有四体也。有是四端而自谓不能

者，自贼者也；谓其君不能者，贼其君者也。凡有四端于我者，知皆扩而充之矣，若火之始然，泉之始达。苟能充之，足以保四海；苟不充之，不足以事父母。』

——《孟子·公孙丑上》

释义

孟子说："每个人都有怜悯体恤别人的心理。古代的君主有怜悯体恤别人的心理，所以才有怜悯体恤百姓的政治。用怜悯体恤别人的心理，施行怜悯体恤百姓的政治，治理天下就好像在手掌心里面运转东西一样容易。所以说每个人都有怜悯体恤别人的心理，譬如说，有人突然看见一个小孩子要掉进井里，必然会产生惊惧怜悯的心情，这并不是为了和这孩子的父母结交，不是为了在乡邻朋友中博取好的声誉，也不是因为厌恶这孩子的哭叫声才产生这种惊惧心理的。由此看来，没有同情心，简直不是人；没有羞耻心，简直不是人；没有谦让心，简直不是人；没有是非心，简直不是人。同情心，是仁的发端；羞耻心，是义的发端；谦让心，是礼的发端；是非心，是智的发端。人有这四种发端，就像有四肢一样。有了这四种发端却自认为不行的人，是自己害了自己；认为他的君主不能实行仁政的人，是在坑害他的君主。凡是认识到自己具有这四种发端的人，知道要扩大充实它们，就像火刚刚开始燃烧、泉水刚刚开始喷涌一样。如果能够把仁、义、礼、智四端发扬光大，就足以安定天下；如果不能，就连赡养父母都成问题。"

解读

在中华传统文化中，绝大多数儒家学者，尤其是孟子和宋明理学家，从人性或人心中寻找道德的根源，再把它上升为天命，这是儒学道德发生论的基本特点。道德实践离不开人的自觉性和能动性，但把道德的根源和基础全部归结为人的先天道德情感，这是一种先天的、抽象的人性论和道德发生论，而且以此否认道德的外律性、社会客观性，本身是一种不够科学的理论。马克思认为，人的本质是各种社会关系的总和，道德的最终根源是外在的客观的社会关系。如果没有社会关系和须要调解的矛盾，道德是无从产生的。道德的主体性、自觉性只能是对这种社会客观关系及其道德要求的自觉和实践。道德是他律和自律的统一，他律需要自律的自觉、内化和支持，但自律绝不是无条件的，绝不是可以摆脱他律的。

当下中国还流行一种利己主义的道德观，即道德只是用来牟利的工具。持这种道德观的人，完全否认了道德的神圣性和崇高性，也不认同和尊重外在的规范性和约束性。这种人要么推崇“我是流氓我怕谁”“笑贫不笑娼”之类恶俗的观点，要么用一些道德行为来为自己牟取私利。如果一味地强调道德的自律性而忽视他律性，就会削弱道德的正确导向作用，使人们对形成良好的道德丧失信心。

因此，加强道德建设一方面要继承儒家“仁者，人也”的道德观，强调道德根植于人性，是神圣和崇高的，是人完善自己的重要方面，另一方面也要重视制度和规范建设，激励人们追求高尚、抵制恶俗。这样就能实现道德的主体性与规范性的统一、激励与约束的统一、对人与对己的统一。单纯地强调主观性或规范性，都难以切实有效地促进社会或个人道德修养的提高。

第四节 修身须在事上磨炼

孟子曰：舜发于畎亩之中，傅说举于版筑之间，胶鬲举于鱼盐之中，管夷吾举于士，孙叔敖举于海，百里奚举于市。故天将降大任于是人也，必先苦其心志，劳其筋骨，饿其体肤，空乏其身，行拂乱其所为，所以动心忍性，曾益其所不能。人恒过，然后能改。困于心，衡于虑，而后作；征于色，发于声，而后喻。入则无法家拂士，出则无敌国外患者，国恒亡。然后知生于忧患而死于安乐也。

——《孟子·告子下》

释义

孟子说："舜是在田间劳动中成长起来的，傅说是在筑墙的工作中被选拔出来的，胶鬲是在打鱼晒盐中被任用的，管仲是在士人中间被推举上来的，孙叔敖是在海边被发现选用的，百里奚是在集市上被选拔出来的。所以，上天将要把重大使命降临在某人身上，一定要先使他的意志受到磨炼，使他的筋骨劳累，使他忍饥挨饿而消瘦，使他备受穷困之苦，使他做事不顺，这是为了激励他的意志，磨炼他的耐心，增长他的才能。人总是要经常犯错误，然后才能改正。内心忧困，殚精竭虑，然后才会奋发起来；表现在脸色上，流露在言语中，然后才能被人了解。一个国家，内部没有执掌法度的大臣和辅佐的贤士，外部没有来自敌对国家的压力，往往容易亡国。由此可以知道，忧患使人（或国家）生存发展，而安逸享乐会使人（或国家）走向灭亡。"

或问为学。曰：『今人将作个大底事说，不切己了，全无益。一向去前人说中乘虚接渺，妄取许多枝蔓，只见远了，只见无益于己。圣贤千言万语，尽自多了。前辈说得分晓了，如何不切己去理会！如今看文字，且要以前贤程先生等所解为主，看他所说如何，圣贤言语如何，将己来听命于他，切己思量体察，就日用常行中着衣吃饭、事亲从兄，尽是问学。若是不切己，只是说话。今人只凭一己私意，瞥见些子说话，便立个主张，硬要去说，便要圣贤从我言语路头去，如何会有益？此其病只是要说高说妙，将来做个好看底物事做弄。如人吃饭，方知滋味；如不曾吃，只要摊出在外面与人看，济人济己都不得。』

——〔南宋〕黎靖德《朱子语类·总论为学之方》

释义

有人问朱熹修身为学之道。朱熹说："现在从大的方面来说，如果道德知识不内化为自己的价值观，没有任何作用。如果在前人的学说中接受一些虚无缥缈的言论，并自行断章取义，这已经远离为学之道，对自己的道德修养并没有什么好处。修身为学之道，孔孟等圣贤说了千言万语，已经够多了。道理前人说得很清楚了，问题的关键是如何根据自己的情况去体会！现在要学习书本知识，以孔孟等圣贤的著述和程颢、程颐两位先生的注解为主，看两位先生怎么说，孔孟等圣贤又怎么说，将他们的道理记下来，根据自己的情况体悟省察，在日常生活中穿衣吃饭、孝顺父母、顺从兄长，都是学问。如果不内化为自己的价值观，也只能仅仅停留在口头上。现在一些人只凭借自己的理解，看见一些言论，就产生一个主张，然后就要去宣传，这只是在口头上学习圣贤，怎么可能会有益处呢？这种毛病就是说得好听，但重要的是要把事情做好。比如人吃饭，吃过了才能知道饭菜的滋味；如果没有吃，只是把饭菜端出去让人看，对人对己都没有用处。"

知之真切笃实处，即是行；行之明觉精察处，即是知；知行工夫本不可离。只为后世学者分作两截用功，失却知、行本体，故有合一并进之说。真知即所以为行，不行不足谓之知。

——〔明〕王阳明《传习录·答顾东桥书》

释义

人的认识到了真实深切、确凿无疑的境界，就是实践了；实践到了符合规律、步骤分明的程度，就是认识；认识与实践二者本为一体，不可分离。后来的学者将认识和实践分成了两个方面，分别进行研究，不知道实践和认识本为一体，所以才有认识和实践“合一”说和“并行”说。真正的认识一定会去实践，不去实践就不能称作认识。

解读

社会是由人组成的，是人的集合体。建设理想的大同社会，根本的事情是培养理想化的人、适应社会需要的人。中国传统文化从这样的思路出发，强调人的自我修养，强调道德的实践养成。这些思想迎合了士绅阶层的清高追求，也迎合了统治阶层培养顺民的期望，因此得到了大力推广。今天汲取这些思想的营养，要剔除其中服务封建统治阶级和盲从、迷信等不可取的内容，继承其积极的劝人向善向上的内容。

首先，修身要立志。孟子说："先立乎其大者，则其小者不能夺也。"理想信念是推动人学习和修身的内部动因，没有理想信念，就不会有前进的动力，正所谓"志不立，天下无可成之事。虽百工技艺，未有不本于志者"。古人认为，没有理想信念，不会做好任何事，即使是像制陶建房这样的手工活，没有理想信念也无法完成。在今天，立志，最基础的就是要树立正确的价值观，就是认同和践行社会主义核心价值观。价值观是人道德修养的灵魂和奋斗方向，树立正确的价值观，才能面对外部世界各种事情的迷乱和诱惑，在为人和处世中做到公平公正，与人为善；反之，没有正确的价值观，就分不清善恶是非，为人和处世中不是厚此薄彼，就是损人利己或损公肥私。

其次，修身要做到慎独。慎独是儒家阐发出来的自我修身方法，就是在独处时能够直面自己真实的想法，并自觉反省自己的过失，提高自己的道德修养，这是一种更高的也是更有效的道德修养方法。

再次，修身要做到知行合一。在知行问题上，古人的核心观点是强调知行合一，不知无以行，知而不行是为不真知。在马克思主义哲学看来，知行问题实际上是认识和实践的关系问题，是人的认识活动的两个基本方面，二者是内在统一的，没有纯粹的知或纯粹的行。在这一点上，中国传统文化与马克思主义哲学的基本思想是一致的。

最后，修身要从小事做起，在困境中要挺立，在顺境中要持敬。修身立德的道理不难懂，但身体力行却难以做到或者持之以恒地做到。既有自身立志不坚、信念不明的原因，也有外部诱惑的原因。修身立德，应该像朱熹所言，小时候就要在洒扫、应对进退等小事中养成良好的道德习惯，长大后再学习道德的原则和思想的根源。人在困境中容易灰心丧气，因此要“穷则独善其身”，就是要坚定信念不动摇，磨炼自己的意志，提高自己的品行，增加自己的才干；人在顺境中容易得意忘形，因此要“达则兼善天下”，就是始终保持敬畏之心，慎言慎行，扶危济困，担当应尽责任。

第四章 道无弃物，常善救人

“人不独亲其亲，不独子其子，使老有所终，壮有所用，幼有所长，矜寡孤独废疾者皆有所养。男有分，女有归。货恶其弃于地也，不必藏于己；力恶其不出于身也，不必为己。”这些经典论述描绘了大同社会人与人之间友爱互助、和谐相处的美好愿望，集中表述了我国传统文化中有关社会救济和慈善事业的思想理念，对后世产生了深远的影响。

在传统文化中，儒家主张推己及人，因此倡导“老吾老，以及人之老；幼吾幼，以及人之幼”，道家主张损有余以奉不足。这些思想在长期的社会实践中，不仅成为深入人心的观念和深厚的社会良俗，而且也体现在一定的社会法律制度之中，受到规范和保障。

就像世界上没有两片相同的树叶一样，也没有两个完全相同的人生，人总会有社会地位高低、财富多少的差别，因此对弱势群体的救助是消除社会差距、消除社会戾气、维护社会稳定和谐的重要举措。对于那些因天灾人祸而陷入困境的人，中国传统文化主张及时给予帮扶和救助，因为这既是为政者的责任，也是仁爱思想的集中体现。另外，中国传统文化关于慈善、救济的思想还强调，真正的救济不是一种简单的政策和权宜之计，而是最后要归结为制民之产，要给被救助者提供基本的生产资料，让他们不仅能解决自己的生计，还能进一步帮助别人。

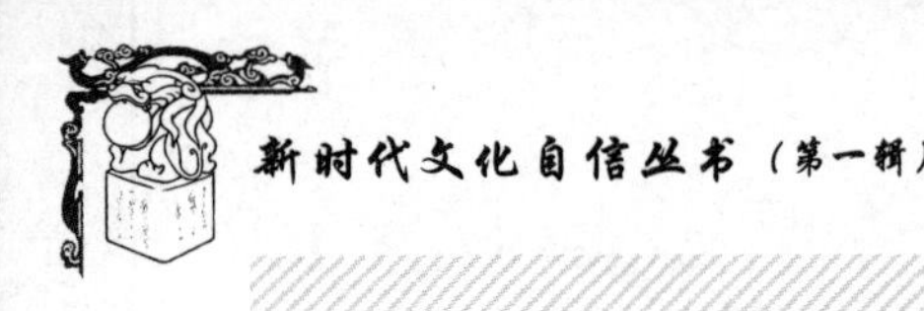

第一节 老吾老，以及人之老；幼吾幼，以及人之幼

挟太山以超北海，语人曰：『我不能。』是诚不能也。为长者折枝，语人曰：『我不能。』是不为也，非不能也。故王之不王，非挟太山以超北海之类也；王之不王，是折枝之类也。老吾老，以及人之老；幼吾幼，以及人之幼。天下可运于掌。《诗》云：『刑于寡妻，至于兄弟，以御于家邦。』言举斯心加诸彼而已。故推恩足以保四海，不推恩无以保妻子。古之人所以大过人者，无他焉，善推其所为而已矣。

——《孟子·梁惠王上》

释义

如果要一个人把泰山夹在胳膊下跳过北海，这人告诉他人说：“我做不到啊。”这是真的做不到。要一个人为老年人折一根树枝，这人告诉他人说：“我做不到啊。”这是不愿意做，而不是做不到。所以，大王您不实行仁政，不是属于把泰山夹在胳膊下跳过北海的一类事；您不实行仁政，是属于为老年人折树枝的一类事。尊敬自己的老人，并由此推广到尊敬别人的老人；爱护自己的孩子，并由此推广到爱护别人的孩子。做到了这一点，整个天下便会像在自己的手掌心里运转一样容易治理了。《诗经》说：“先给妻子做榜样，再推广到兄弟，再推广到家族和国家。”说的就是要把自己的仁爱之心推广到别人身上去。所以，推广恩德足以安定天下，不推广恩德连自己的妻子儿女都保不了。古代的圣贤之所以能远远超过一般人，没有别的什么原因，不过是善于推广他们的好行为罢了。

　　伯夷辟纣，居北海之滨，闻文王作兴，曰：『盍归乎来？吾闻西伯善养老者。』太公辟纣，居东海之滨，闻文王作兴，曰：『盍归乎来？吾闻西伯善养老者。』天下有善养老，则仁人以为己归矣。五亩之宅，树墙下以桑，匹妇蚕之，则老者足以衣帛矣。五母鸡，二母彘，无失其时，老者足以无失肉矣。百亩之田，匹夫耕之，八口之家足以无饥矣。所谓西伯善养老者，制其田里，教之树畜，导其妻子使养其老。五十非帛不暖，七十非肉不饱。不暖不饱，谓之冻馁。文王之民无冻馁之老者，此之谓也。

——《孟子·尽心上》

释义

伯夷躲避纣王，住在北海边上，听到周文王兴起的讯息，说："为何不去归附他呢？我听说西伯善于赡养老人。"姜太公躲避纣王，住在东海边上，听到周文王兴起的讯息，说："为何不去归附他呢？我听说西伯善于赡养老人。"天下有善于赡养老人的人，有仁爱之心的人就把他那里作为自己的归宿。有五亩田地的人家，在墙下种植桑树，妇女养蚕，那么老人就可以穿上丝帛了。养五只母鸡、两只母猪，不耽误喂养时机，老人就可以吃上肉了。有百亩田地的人家，男子耕种，八口之家就足以吃饱饭了。所谓周文王善于赡养老人，就是他制定了田亩制度，教导人们种植桑树和畜养家禽，教导百姓的妻子儿女使他们赡养老人。五十岁的老人不穿丝帛就不暖和，七十岁的老人不吃肉就不饱。吃不饱，穿不暖，叫作忍饥受冻。周文王的百姓里没有忍饥受冻的老人，说的就是这个意思。

解读

老人和孩子是社会最需要保护和照顾的群体，保护与照顾老幼既是社会的基本责任，也是社会文明的标志之一。

“老吾老，以及人之老”植根于中国的孝道文化。长幼有序、事亲至孝、敬老崇文、尊贤尚德等敬老养老的思想，在中国古代礼制和律法中占据着重要地位，并逐渐形成了中国古代特有的养老习俗与制度，这些思想和制度是中华传统文化的重要组成部分。敬老养老是中华民族的传统美德之一，具有十分重要的精神价值和社会功效。当今社会可以更好地借鉴古代养老制度之长处，弥补现代养老制度之短处，不断完善现有的养老体制。

随着人口老龄化社会的来临，传统的家庭养老面临新的挑战，现代社会养老也面临诸多困境，中国在借鉴和继承古代养老制度精华的基础上，不断探索适合现代中国国情的养老体系。现在，中国的养老体系越来越完善，无论是养老保险还是医疗保险，无论是在农村还是在城市，老人都基本能享受到这些保障。但如何满足老人的精神需求？我们要不断完善养老制度，改善社会风气，让老年人不仅享受到物质上的满足，还能感受到精神上的愉悦，保证老年人能够安享晚年。这是养老的本质内涵，也是理想社会的奋斗目标。

“幼吾幼，以及人之幼”植根于中国传统文化的仁爱思想，对现代的抚养孩子和基础教育有着重要的启示意义。无论古代还是现代，孩子的抚养和教育都是重点。现在，孩子的抚养、教育都在走向社会化，不少家庭请保姆照顾孩子，孩子很小就上幼儿园了。无论保姆还是幼儿园的老师，拥有爱心都是对他们的第一要求。国务院出台的《关于加强农村留守儿童关爱保护工作的意见》，强调要以促进未成年人健康成长为出发点和落脚点，不断健全法律法规和制度机制，强化家庭监护主体责任，加大关爱保护力度，逐步减少儿童留守现象，确保农村留守儿童安全、健康、受教育等权益得到有效保障。这是我们继承和发扬优秀传统文化的重要体现，是解决农村留守儿童问题的正确指导思路，应该得到认真地贯彻执行。

第二节 损有余以奉不足

天之道，其犹张弓与？高者抑之，下者举之，有余者损之，不足者补之。天之道，损有余而补不足；人之道则不然，损不足以奉有余。孰能有余以奉天下？唯有道者。是以圣人为而不恃，功成而不处，其不欲见贤。

——《老子·第七十七章》

释义

自然的法则，不是很像张弓射箭吗？弦拉高了就把它压低一些，低了就把它举高一些，拉得过满了就把它放松一些，拉得不足了就把它补充一些。自然的法则，是减少有余的补给不足的；可是社会的法则却不是这样，要减少不足的，来奉献给有余的人。那么，谁能够减少有余的，以补给天下人的不足呢？只有有道的人才可以做到。因此，有道的圣人这才有所作为而不占有，有所成就而不居功，他是不愿意显示自己的贤能。

帝尧王天下之时，金银珠玉不饰，锦绣文绮不衣，奇怪珍异不视，玩好之器不宝，淫佚之乐不听，宫垣屋室不垩，甍桷椽楹不斫，茅茨遍庭不剪。鹿裘御寒，布衣掩形，粝粱之饭，藜藿之羹。不以役作之故害民耕绩之时。削心约志，从事乎无为。吏忠正奉法者尊其位，廉洁爱人者厚其禄；民有孝慈者爱敬之，尽力农桑者慰勉之。旌别淑德，表其门闾，平心正节，以法度禁邪伪。所憎者，有功必赏；所爱者，有罪必罚。存养天下鳏寡孤独，振赡祸亡之家。其自奉也甚薄，其赋役也甚寡。故万民富乐而无饥寒之色，百姓戴其君如日月，亲其君如父母。

——《六韬·盈虚》

释义

帝尧统治天下时，不用金银珠玉做饰品，不穿锦绣华丽的衣服，不观赏珍贵奇异的物品，不珍视古玩宝器，不听淫逸的音乐，不粉饰宫廷墙垣，不雕饰甍桷椽楹，不修剪庭院中的茅草。以鹿裘御寒，用粗布蔽体，吃粗粮饭，喝野菜汤。不因征发劳役而耽误民众耕织。约束自己的欲望，抑制自己的贪念，用清静无为治理国家。官吏中忠正守法的就升迁其爵位，廉洁爱民的就增加其俸禄；民众中孝敬长者、爱护晚辈的给予敬重，用心于农桑事业的予以慰勉。区别善恶良莠，表彰善良人家，提倡公平，端正品德节操，用法制禁止邪恶诈伪。对自己所厌恶的人，如果建立功勋同样给予奖赏；对自己所喜爱的人，如果犯有罪行也必定进行惩罚。供养天下鳏寡孤独的人，赈济遭受天灾人祸之家。至于帝尧自己的生活，则是十分俭朴，征收少量的赋税劳役。因此，天下民众富足安乐而没有饥寒之色，百姓拥戴他如同景仰日月，亲近他如同亲近父母。

解读

改革开放以来，中国取得了长足进步和辉煌成就，但社会贫富差距拉大的问题也突出地反映出来。就社会心理而言，人们对社会贫富差距拉大极为不满。对此问题，党和国家高度重视，采取了一系列措施予以解决。党的二十大报告提出要扎实推进共同富裕，鲜明地体现了改善人民生活、缩小差距、实现共同富裕的要求。

解决贫富差距拉大的问题，首先要重视这个问题，认识这个问题的巨大危害性。老子说："天之道，其犹张弓与？高者抑之，下者举之，有余者损之，不足者补之。"在老子看来，只有弓拉得合适，箭才能射得准、射得远。合适是什么？就是遵循自然之道，就是各方力量均衡。人类社会在贫富差距上存在着一定的均衡，破坏了这个均衡，社会就会失序，均衡破坏得越严重，失序就会越厉害。如果贫富差距过大，就会损害人们的公平正义感，引发社会心理的失衡和不稳定。比如，诱发违法犯罪活动，危害人民的生命财产安全，恶化社会治安形势；导致社会结构失衡，激化阶层矛盾，严重时甚至会造成社会对立与冲突动荡；影响社会制度的公正和权威，削弱国家的凝聚力，严重时甚至会危害国家的安全和统一。所以，认识贫富差距问题一定要从历史发展规律的高度来认识、来重视。

其次，在消除贫富差距拉大的具体措施上，一是坚定实现共同富裕的目标，这不仅是大同社会的理想，也是中国特色社会主义的奋斗目标。二是建立健全公平合理的收入分配机制，不能人为地制造不应有的贫富差距。

第三节

救急扶困

子华使于齐，冉子为其母请粟。子曰：『与之釜。』请益。曰：『与之庾。』冉子与之粟五秉。子曰：『赤之适齐也，乘肥马，衣轻裘。吾闻之也，君子周急不继富。』

——《论语·雍也》

释义

子华出使齐国，冉求替他的母亲向孔子请求补助一些谷米。孔子说："给他六斗四升。"冉求请求再增加一些。孔子说："再给他二斗四升。"冉求却给她八十斛。孔子说："公西赤到齐国去，乘坐着肥马驾的车子，穿着又暖和又轻便的皮袍。我听说过，君子只是周济急需救济的人，而不是周济富有的人。"

蓬生麻中，不扶自直；白沙在泥，与之皆黑。是故人之相与也，譬如舟车然，相济达也。己先则援之，彼先则推之。是故人非人不济，马非马不走，土非土不高，水非水不流。

——〔西汉〕戴德《大戴礼记·曾子制言上》

释义

蓬生长在麻丛中，自然会长直；白沙在黑泥里，也会变成黑色。所以，人与人之间的相处，就好比乘坐车船一样，要相互扶持才能到达。自己领先就拉一下其他的，自己落后就让人推一下。所以，一个人没有别人的帮助，就不可能成功；一匹马没有别的马竞争，就不会快跑；筑城台而没有土，城台就高不起来；水和水之间不互相激荡，就不会流动。

解读

在现代社会，社会救助和个人慈善事业是重要的社会事业。社会救助是国家和其他社会团体向遭受自然灾害、失去劳动能力的公民或者其他低收入公民提供物质帮助或精神救助，以维持其基本生活需求，保障其生活的各种措施。个人慈善事业是人们在没有外来压力的情况下，自愿地奉献爱心与援助，从事扶弱济贫的一种社会事业。社会救助和个人慈善在调整社会资源分配和再分配、实现社会公平、维护社会稳定、构建社会主义和谐社会等方面发挥着重要和不可替代的作用。传统文化中关于救急扶困的思想和制度十分丰富，但也有许多局限性，现代的社会救助和慈善事业要从中获得启示，就要注意克服其固有的缺陷，继承其精华。

首先，要突破儒家仁爱的局限性，将爱心推向陌生人。儒家仁爱思想虽然有“天下一家，中国一人”的表述，但依然有着浓厚血亲关系的味道，因而在实际的救助、慈善活动中，往往只局限在亲人之间，或者再进一步推向朋友、同乡，一般止于熟人，致使许多陌生的、需要被救助的对象得不到帮助。在现代救助制度和慈善事业中，既要将儒家“天下一家，中国一人”的理念光大，又要注意不局限于血亲关系来推进这些事业，努力使社会救助和慈善事业在观念和实践中，体现出不分民族、种族、肤色、性别等的无差别的开放性的特点，实现对陌生“他者”的慈善救助，真正体现一种大爱精神。

其次，在传统社会，社会救助依靠君主和官员的德行而不是制度保障，且君主和官员的救助多是从巩固阶级统治、收拢人心的角度出发，所以历史上的社会救助对象和效果都很有限。现代的社会救助制度一定要摒弃这些陈腐的错误观念，真正把救助作为政府应尽的责任。社会救助依靠法律和制度来保证，即保证每个需要救助的人都得到救助，而不受领导者个人好恶的影响。

最后，社会救助和个人慈善事业不能只限于物质上的帮助和救济，还要扩大到精神的教育、就业等各个方面，最终使帮扶对象能自尊、自立、自强，而且还有能力帮扶别人。

第四节 均田薄赋，衣食无忧

民之饥，以其上食税之多，是以饥。民之难治，以其上之有为，是以难治。民之轻死，以其上求生之厚，是以轻死。夫唯无以生为者，是贤于贵生。

——《老子·第七十五章》

释义

人民之所以遭受饥荒，是由于统治者征收的赋税太多，所以人民才陷于饥饿。人民之所以难以统治，是由于统治者的政令烦苛、劳役繁重，所以人民就难以统治。人民之所以轻生冒死，是由于统治者为了奉养自己，把民脂民膏都搜刮净了，所以人民觉得死了不算什么。只有不去追求生活享受的人，才比过分看重自己生命的人高明。

五帝三王之治天下，不敢有君民之心，什一而税，教以爱，使以忠，敬长老，亲亲而尊尊。

——〔西汉〕董仲舒《春秋繁露·王道》

释义

五帝三王治理天下时，不敢有统治百姓的思想，那时只抽十分之一的税，用博爱的思想进行教化，用忠诚的思想任用人，尊敬年长的人，亲近亲人，尊敬尊贵的人。

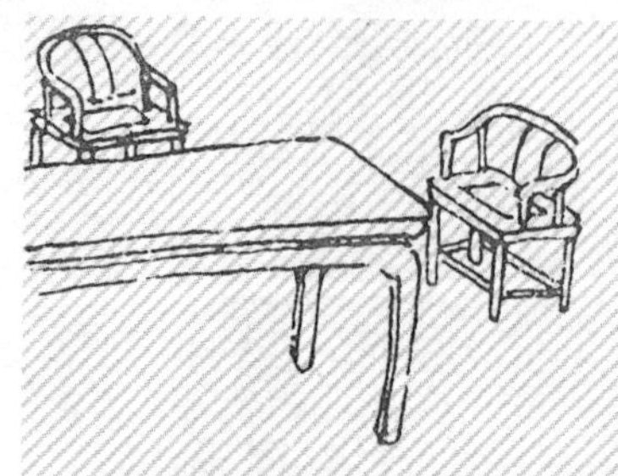

一市之博，百步之地可容万人，四方必有屋，市官皆居之。所以平物价，收滞货，禁争讼，是决不可阙。故市易之政，非官专欲取利，亦所以为民。百货亦有全不售时，官则出钱以留之，亦有不可买时，官则出而卖之，官亦不失取利，民亦不失通其所滞而应其所急。

——〔北宋〕张载《经学理窟·周礼》

释义

一个市场非常大，方圆百步的地方就能容纳上万人，周围必须有房屋，管理市场的官员就居住在里面。他们平衡物价，收购卖不出去的货物，禁止争斗诉讼，是不可或缺的。所以市场贸易的管理，并不是政府要谋取利益，而是为了人民。当货物不能及时出售时，政府出钱购买储存起来，当市场供不应求时再出售，这样政府也会得到一定的好处，而民众也能在供过于求和供不应求时不受损失。

解读

在传统文化特别是儒家思想中，均田薄赋是仁政的基本内容。在传统农业社会，土地是最基础、最重要的生产要素，要实现老百姓安居乐业，农民获得一定的土地进行耕种是首先必须满足的条件。有了土地，农民才能积极、安心地生产；政府只收取薄赋，农民的生活才能有保障，社会才能安定。在当今中国，土地依然是最为重要的生产资料之一，但农业生产在整个国民经济中的地位，已经不再像传统的自然经济中的那样至高无上。在工业化、自动化、智能化全面发展的时代，国家已经不再主要依靠农业的发展了，甚至免除了农业税。但是均田薄赋，减轻农民的各方面负担，使他们衣食无忧，生活水平得到稳步提升，依然是国家管理的基本任务，也是需要继承发扬的优秀传统文化思想。

比如，我国现行的农村联产责任承包制，使农民获得了土地，但现代农业又要求土地集约化生产，因此，土地流转就成为农村改革难以回避的重要问题。目前，土地流转尚处于探索阶段，其方式可以灵活，但必须坚持一个基本的原则，就是要保证农民的主体地位，让农民真正当家作主，让农民在土地流转的改革实践中有充分的发言权，确保土地流转后农民的利益不受损害，而且获益更大。这就是继承和弘扬优秀传统文化的生动范例。

再比如，农业现代化意味着更多的农民将因失去土地而进城工作。国家在进城务工者市民化的过程中必须提供必要的保障，在户籍、教育、医疗、社会保障等方面给予进城务工者和市民一样的权利，使他们融入所工作、贡献的城市。同时，尽量在公共服务和公共福利方面，破除城乡二元制结构，使广大农民安居乐业。

跋

学者非必为仕，而仕者必如学

古人云："学者非必为仕，而仕者必如学。"在信息化、知识化时代，领导干部加强学习，勤读书、善读书、读好书，特别是多读些国学经典尤为重要。习近平总书记指出，中国传统文化博大精深，学习和掌握其中的各种思想精华，对树立正确的世界观、人生观、价值观很有益处。中华优秀传统文化是中华民族的精神基因，是中华民族生生不息、薪火相传的丰厚养料。建设中华民族共有的精神家园，培育和践行社会主义核心价值观，要从优秀传统文化中汲取精神营养，只有这样才能凝魂聚气，强基固本，不断夯实中国特色社会主义的思想道德基础。

中华优秀传统文化在探索天人之际、古今之变、成人之道的过程中，形成了宝贵的治国理念和崇高的价值追求。比如，天下兴亡、匹夫有责的家国意识，民为邦本、惠民富民的民本思想，经世致用、知行合一的实践理性，民胞物与、泽被万物的人文情怀，穷变通久、与时偕行的创新精神，自强不息、厚德载物的道德追求，富贵不淫、贫贱不移的大丈夫人格……这些治国理念和价值追求是中华民族独特的精神标志，是深厚的文化软实力。学习中华优秀传统文化，可以更加深刻地理解为什么说中国特色社会主义植根于中华优秀传统文化、反映中国人民意愿、适应中国和时代发展进步要求，从而更加坚定我们的道路自信、理论自信、制度自信、文化自信。

“君子之学也，以美其身。”通过学习来陶冶情操、完善人格，是中华优秀传统文化的一个突出特点。中华优秀传统文化重视通过自省、慎独、改过迁善、养浩然之气等自我修养来提升人生境界，如“吾日三省吾身”“君子慎其独也”“我善养吾浩然之气”等。中华优秀传统文化崇尚推己及人的处世准则，如“己所不欲，勿施于人”“己欲立而立人，己欲达而达人”等。中华优秀传统文化对“国家之败，由官邪也”有深刻的认识，强调为官者要涵育为政之德，如“律己以廉，抚民以仁，存心以公，莅事以勤”“当官之法惟有三事，曰清，曰慎，曰勤”等。总之，学习中华优秀传统文化有助于领导干部滋养心智、砥砺品格、提升能力。

中国的传统文化古籍卷帙浩繁，学习传统文化要取其精华、去其糟粕，做到“博学之，审问之，慎思之，明辨之、笃行之”。要坚持古为今用、推陈出新，加强对中华优秀传统文化的挖掘和阐发，努力实现中华传统美德的创造性转化、创新性发展，把跨越时空、超越国度、富有永恒魅力、具有当代价值的文化精神弘扬起来，把继承优秀传统文化又弘扬时代精神、立足本国又面向世界的当代中国文化创新成果传播出去，做到文化自觉、文化自信、文化自强。

陈宝生

（国家行政学院原党委书记、副院长）